Traugott Ulrich Schall

Heilung gegen Verzagtheit

Von der „Eliasmüdigkeit",
der Versuchung dazu
und ihrer Heilung

UNIO VERLAG

Reihe: Seelsorge
Heft 1

Bibliografische Information Der Deutschen Bibliothek
Die Deutsche Bibliothek verzeichnet diese Publikation in der
Deutschen Nationalbibliografie; detaillierte bibliografische Daten
sind im Internet über http://dnb.ddb.de abrufbar.

ISBN 3-935189-08-7

© UNIO VERLAG
Hochaltingen, St.-Ulrich-Straße 4, D-86742 Fremdingen
Umschlagbild: Schwester Regina Hassler asc
Gestaltung & Produktion: Gernot Stuchlik
Gesamtherstellung: Data Print, Salzburg, Austria

Im Sinne der Tätigkeit unserer beiden Häuser St. Ulrich und St. Bernhard und auch in der Diktion des UNIO Verlages, legen wir Arbeiten unserer Referenten, zum Thema Seelsorge, mit dem Schwerpunkt Befreiung und Heilung, auf.

Den Beginn dieser Heftreihe macht die Arbeit unseres langjährigen Leiters des Ausbildungskurses für Seelsorge Dr. Traugott Schall.

Diese Heftreihe soll eine schriftliche Hilfe, in allgemein verständlicher Sprache, für alle Personen in der Seelsorge und auch für Besucher unserer Seminare zu ähnlichen Themen sein.

Wir wünschen Ihnen als Leserin und Leser eine Zeit der Muße und Stille mit dieser Lektüre und Gottes Segen.

Der UNIO VERLAG

Inhaltsverzeichnis

I. Vom Glauben und seinen Schatten

Es ist eine allgemeine Erfahrung. Viele Menschen sind immer wieder einmal depressiv. Depression ist in ihren vielfältigen Formen eine Art Volkskrankheit geworden. Dies gilt zumindest in unserer näheren Lebenswelt. Daneben bedroht eine andere seelische Störung unsere Stimmung, innere Kraft und Lebensfreude. Sie ist der Depression ähnlich, hat aber andere Ursachen und andere Anzeichen, „Symptome". Wir nennen diese Störung „innere Müdigkeit". Generationen vor uns nannten sie „Verzagtheit". Menschen werden innerlich „verzagt". Sie werden mutlos und seelisch müde.

Manchmal ist das für die Betroffenen selbst und für ihre Mitmenschen sichtbar. Manchmal wird es aber auch hinter vielen Aktivitäten – oder unter Medikamenten oder Drogen – versteckt. Für Menschen in helfenden Berufen (Arzt, Psychotherapeut, Psychologe, Krankenschwester, Altenpfleger, Rechtsanwalt, Sozialarbeiter und Sozialpädagoge u.a.m.) hat die Fachsprache dafür vor Jahren eine bildhafte Bezeichnung gefunden: „Ausbrennen", englisch: „Burnout". Aber auch Christen, Glieder von Gemeinde und Kirche sind betroffen. Nicht nur Pfarrer, Diakone, pastorale Mitarbeiter zeigen sich berührt, auch „normale" Gemeindeglieder werden innerlich müde. Sie verzagen in ihrem Glauben. Verzagtheit zeigt sich in vielfältiger Form.

Aber ehe ich darauf eingehe, muss ich beim Glauben anfangen. Denn die Verzagtheit ist gewissermaßen eine Schwester des Glaubens. Sie lebt in der Nähe des Glaubens.

Der Glaube trägt das Leben

Alle Christen wissen, dass der Glaube für jeden Menschen eine zentrale und tragende Bedeutung hat. Die Hl. Schrift spricht immer wieder davon. Sie erzählt vom Glauben der Väter und Propheten. Sie ist Zeugnis vom Vertrauen und Gehorsam der Jünger und Apostel. Sie lehrt uns zugleich die Bedeutung und Wirkung des Glaubens. Die Bibel lädt zum Glauben ein und zeigt ihn zugleich als Gabe des Hl. Geistes. Die Erfahrungen, Lehren und Regeln der Kirchenväter, Prediger und Glaubenslehrer vertiefen das bis in unsere Zeit. Alle Christen, die vor uns waren und mit uns leben, sind zugleich Zeugen des Glaubens. Als Glaubende sind wir umgeben von einer „Wolke der Zeugen".

• Das fängt bei Abraham an. Von ihm heißt es: „Abraham glaubte dem Herrn und das rechnete er ihm zur Gerechtigkeit" (1. Mose 15, 6).

• Das geht bei den alttestamentlichen Propheten weiter. Sie deuten den Willen Gottes und rufen zum Gehorsam: „Der Gerechte wird durch Glauben leben" (Habakuk 2, 4).

• In der Begegnung der Menschen mit Jesus steht das Vertrauen zum Herrn der Kirche in der Mitte: „Dein Glaube hat dir geholfen", sagt Jesus zu den Menschen, die ihm ihr ganzes Vertrauen schenken und denen er hilft.

• Und schließlich ist in den Briefen der Apostel immer wieder vom Glauben die Rede. Paulus schreibt: „So halten wir nun dafür, dass der Mensch gerecht werde allein durch den Glauben."

(Röm. 3, 28). Und später schreibt einer der Apostel an das Volk der Juden, „an die Hebräer": „So ist der Glaube eine feste Zuversicht auf das, was man hofft" (Hebr. 11,1).

• Als Zeugen der Kirche können wir an den Kirchenvater und Bischof Augustinus denken. Er sagte: „Herr, du hast uns auf dich hin geschaffen und unser Herz bleibt unruhig, bis es in dir Ruhe findet." Im Glauben sind wir bei Gott zu Hause.

Der Glaube an den dreieinigen Gott trägt unser ganzes Leben. Er gibt uns Kraft für die alltägliche Arbeit, für unsere Aufgabe in der Kirche, zugleich zum Loben und Danken. Dieser Glaube, dieses Glauben ist aber keine bloße Meinung, keine Vermutung oder Idee. Das ist auch keine allgemeine Gläubigkeit, sondern ist viel mehr. Glaube ist:

• Vertrauen auf den dreieinigen Gott,
• Zutrauen zu seinem Wort in der Hl. Schrift,
• Sich verlassen auf die Zusage Jesu,
• Hinneigung, Zuneigung zu seiner Gnade,
• Sich anlehnen an das Zeugnis der Kirche.
• Solcher Glaube schließt das stetige Hören ein. Er ist zugleich auch immer Gehorsam.
• Der abstrakte Begriff „Glaube", oder „glauben" schließt immer eine Beziehung ein. Glaube ist Bindung an Christus, dem „Gesicht Gottes für uns". Glaube ist eine personale, eine persönliche Beziehung.

Davon leben Christen, davon leben alle Menschen. Der Reformator Martin Luther sagt: „Glaubst du, so hast du."

Die gegenwärtige Entwicklung ist gefüllt mit allen möglichen - und unmöglichen - pseudo- und quasireligiösen Übungen und Verrichtungen. Alle diese Rituale und Kulte sind letztendlich nichts anderes als eine Bestätigung für die zentrale Bedeutung des Glaubens für jeden Menschen. Man kann und muss sagen: Jeder Mensch braucht Glauben. Jeder Mensch braucht - und hat auch - Religion. Von den Alten erinnere ich einen Vers, den meine Mutter uns oft zitierte:

- Glaube, dem die Tür versagt,
kommt als Aberglaub' durchs Fenster.
Wenn ihr Gott den Herrn verjagt,
kommen die Gespenster.

Der Glaube hat Geschwister

Über den Wert des Glaubens, über „das Glauben" sind Christen sich weitgehend einig. Weniger einig sind sie allerdings über die „Geschwister des Glaubens": das Fragen, den Zweifel und die Verzagtheit oder innere Müdigkeit.

Fragen sind wichtig

„Ich habe viele Fragen", sagen manche Menschen. Das ist anerkannt. Fragen können zu festerem Glauben helfen. Fragen und die Antworten darauf können sicherer machen. Fragen sind gewissermaßen der kleine Bruder des Zweifels. Aber sie sind dem Glauben benachbart. Wenn Fragen zu

Jesus hinführen sollen, dann sind sie ein Schritt zum Glauben. Daneben gibt es aber auch Fragen, die nicht zum Glauben führen sollen, sondern den Glauben abwehren wollen. Hier ist immer die Gegenfrage angebracht, was der Frager möchte. „Möchtest du eine Information und mehr Klarheit?" „Oder möchtest du dich vor dem Anspruch Gottes schützen?" Fragen, die nicht als „Deckel der Bosheit" benützt werden, können zum Glauben führen. Der Kämmerer aus Äthiopien hatte zu dem Bibelwort, das er las, viele Fragen. Der Apostel Philippus antwortete ihm und das führt zum Glauben (Apg. 8,26-39). Genauso kann es heute sein. Wer etwas in der Bibel oder aus der Bibel nicht versteht, kann jemanden fragen. Und wem etwas im Leben der Kirche fremd ist, kann es ebenso machen. Fragen geben Klarheit und helfen oft weiter. Und „dumme Fragen" gibt es beim Glauben fast gar nicht.

Zweifler möchten erkennen

Mit Thomas, dem Zweifler, ist der Zweifel gewissermaßen klassisch geworden. Zweifler wollen Begründung. Sie wollen Sicherheit. Zweifler möchten klar erkennen, ehe sie sich auf etwas einlassen. Umschließt der Glaube einmal Vertrauen, dazu Mut und Zuversicht, so gehört zum Zweifel Angst. Wohnt der Glaube im Herzen, so hat der Zweifel seine Wurzel im Kopf. Zweifler brauchen Antworten, aber sie brauchen auch Ermutigung. Sie brauchen die Einladung, ganz einfach in die Nähe Jesu zu kommen, „unter das Wort" sagen manche. Dort wird der Geist Gottes sein Werk tun.

Einem Zweifler kann man sagen, dass die Füße nicht bekehrt werden müssen. „Du kannst dort hingehen – in den Gottesdienst, zur Bibelstunde, zum Gebetskreis – wo Jesus vorbeikommt. Dort wird etwas passieren." Zweifel ist ein Schatten des Glaubens. Sofern der Zweifel als Waffe gegen den Glauben eingesetzt wird ist er auch ein Feind des Glaubens. Auch das ist möglich: Zweifel um des Zweifels willen.

Verzagtheit lebt in der Stille

Glauben hat jedoch noch eine andere Schwester: die Verzagtheit oder innere Müdigkeit. Sie ist die stillere, leicht übersehene Schwester des Glaubens. Verzagtheit zeigt sich nicht schnell. Sie wird oft nicht beachtet. Doch sie ist da. Mutlosigkeit, Mangel an Zuversicht, innere Ermüdung hat als Versuchung in der Geschichte der Kirche immer eine Bedeutung gehabt. Seelsorger haben sie gekannt und sind ihr begegnet. Aber – kein Wunder – Verzagtheit, innere Ermüdung waren und sind ungeliebt. Mit dem Zweifel können Menschen sich auseinandersetzen. Zweifel und seine Fragen können in Seminaren diskutiert werden. Aber Verzagtheit? Ist das nicht noch schlimmer? Gewissermaßen „Abfall vom Glauben". Manche denken so. Sie halten Verzagtheit für Unglauben. Aber das ist falsch.

So lebt die Verzagtheit „larviert", „unter einer Larve", einer Maske unter uns. Manche Aktivität, manche Umtriebigkeit, mancher Streit sind nichts anderes als Verzagtheit, innere Müdigkeit, die nicht zugelassen wurde.

Die Bibel erzählt von der „Eliasmüdigkeit"

Ich habe in theologischen Wörterbüchern nachgelesen. Vom Glauben ist da die Rede, von Vertrauen, auch vom Zweifel. Die innere Müdigkeit, die Verzagtheit hat keinen Platz in der sorgsamen Überlegung von theologischen Lehrern. Aber die Alten kannten sie. „Eliasmüdigkeit" nannten die Väter jenen Zustand, jene Verzagtheit, die Glaubende müde macht.

Und mit diesem alten Begriff „Eliasmüdigkeit" ist dreierlei gegeben:

● Die Erlaubnis von dieser stillen Schwester des Glaubens, von dieser mächtigen Versuchung und Gefährdung zu reden.

● Die Möglichkeit, sie selbst zu erkennen und zugleich ihre Ursachen.

● Schließlich die Weisung, Wege aus der Müdigkeit heraus zu finden.

II. Der Prophet Elias ist Vorbild, mit der Verzagtheit umzugehen.

Der Prophet Elias, Elija oder auch ganz schlicht Elia gehört nicht zu den Schriftpropheten. Aber er ist dennoch bedeutsam.

• Als Jesus fragt, für wen ihn die Menschen halten, sagen die Jünger, dass ihn etliche für Elia halten (Matth. 16,13.ff).

• Bei der Verklärung Jesu auf dem Berg in Galiläa erscheinen den drei Jüngern – Petrus, Jakobus und Johannes – Mose und Elia zusammen mit Jesus in der Lichtgestalt (Matth. 17,1 – 9).

• Bei der Kreuzigung, als Jesus auf hebräisch den Sterbepsalm betet: „Eli, eli, lama asaphtani" – „Mein Gott, mein Gott, warum hast du mich verlassen" (Psalm 22) erinnern sich Menschen, die kein Hebräisch können, an Elias.

Elias ist also ein bedeutsamer Mann in der Bibel. Wenn wir also auf Elias hören, hören wir auf einen großen Propheten, einen Mann Gottes. Und das ist schon die erste bedeutsame Mitteilung. Auch „Gottesmänner", auch Frauen im Dienst des Herrn können verzagen, innerlich müde werden. Auch darum ist der Prophet Elias so wichtig. Er ist gewissermaßen der Heilige der innerlich müden Menschen. Er ist der Wegweiser der verzagten Christen. Elias' Geschichte steht in den Königsbüchern: 1. Kön. 17 – 2. Kön. 2. Sie soll hier nur zusammengefasst wiedergegeben werden.

Ein gläubiger Streiter
für Gott verzagt

Der Prophet wird in diesen Berichten als ein engagierter und gottesfürchtiger Mann beschrieben.
„Er brannte für seine Sache!" - Als Mann Gottes
und der Treue zum Gott der Väter, dem „Gott
Abrahams, Isaaks und Jakobs" kommt er schnell in
eine politische Auseinandersetzung mit der
Regierung, die eine neue Religion einführen will.
Sein Auftrag ist Opposition gegen den widergött-
lichen Staat: Gott und sein Prophet stehen gegen
den König Ahab und seine Frau Isebel. Beide wollen eine neue Religion in Israel einführen. Weil der
König auf das prophetische Wort nicht reagiert,
kündigt dieser eine Dürre an. Sie soll Mahnung
und Zeichen Gottes sein. Sie ist Mahnung zur
Umkehr des Staates und des Volkes.

Wie die Geschichte weitergeht, wissen viele. Elias
wird vor der Verfolgung durch Gott geschützt. Am
Bach Kerit (Krit) in der Wüste findet er Wasser und
wird von Raben auf wunderbare Weise versorgt.
„Die Raben brachten ihm Brot und Fleisch am
Morgen und ebenso Brot und Fleisch am Abend."
(1. Kön. 17,6). – Die orthodoxen Christen kennen
eine eindrucksvolle Ikone, die das festgehalten
hat. – Als der Bach nach einiger Zeit eintrocknet,
wird Elias durch eine Witwe in Sarepta (oder
Zarpat) ernährt. Elias verkündigt ihr: „Der
Mehltopf soll nicht leer werden und der Ölkrug
soll nicht versiegen, bis der Herr wieder Regen auf
den Erdboden sendet." Als der Sohn der Witwe
stirbt, ruft Elias ihn ins Leben zurück. Das alles
zeigt: Elia ist erfolgreich! Er erfährt Taten Gottes
und Bestätigung seines Glaubens. Dies ist kein

müder oder lauer Mann. Der Konflikt mit dem König spitzt sich schließlich zum „Wettkampf" auf dem Berge Karmel zu. Der Prophet fordert den König und das Volks Israel zur Entscheidung. Elias steht gegen 850 andere und heidnische Propheten. Diese bauen einen Altar und rufen zu ihrem Gott Baal und zu Aschera wegen ihres Opfers. Aber es geschieht nichts. Elias spottet: „Ruft lauter! Er ist doch Gott. Er könnte beschäftigt sein. Vielleicht schläft er und wacht dann auf, oder er ist verreist!" (1. Kön. 18,27). Dann betet Elias zu Gott und ein Blitz verbrennt das Opfer auf dem Altar. Und schließlich kommt der ersehnte Regen. Es zeigt sich ein dramatischer Sieg und ein Zeichen Jahwes. Und die heidnischen Propheten werden getötet.

„Und Ahab erzählte Isebel alles, was Elija getan hatte, auch dass er alle Propheten mit dem Schwert getötet habe. Sie schickte einen Boten zu Elija und ließ ihm sagen: Die Götter sollen mir dies und das antun, wenn ich morgen um diese Zeit dein Leben nicht dem Leben eines jeden von ihnen gleich mache. Elija gerät in Angst, machte sich auf und ging weg, um sein Leben zu retten" (1.Kön.19, 1-3). Das ist etwas Erstaunliches. Die Königin Isebel bedroht den Propheten. Der mutige und gottesfürchtige Mann aber bekommt Angst und flieht in die Wüste. Er betet und sagt: „Lass mich sterben; ich kann nicht mehr; ich bin nicht besser als meine Väter" (1. Kön. 19,4). Fachleute könnten sagen, dass Elias unter einer schweren Form einer reaktiven Depression leidet. Wie auch immer stellen wir fest, dass der Prophet verzagt ist, innerlich müde, „ausgebrannt". „Ich kann nicht mehr!"

Fünf Gründe der inneren Ermüdung

Fünf „Bausteine" können wir in dieser Geschichte erkennen, die zur Verzagtheit, zur inneren Ermüdung des Elias führen:

- Starkes Engagement, Erwartungen, Ansprüche des Propheten,

- die Erfahrung von begrenzter Kompetenz, von eingeschränkter Fähigkeit,

- die Erfahrung von Misserfolg,

- eine Soziale Isolierung und schließlich

- die augenscheinliche Verkennung des Auftrages und Willens Gottes.

III. Die fünf Bausteine der inneren Ermüdung und Verzagtheit

Elias zeigt in seiner Geschichte und in seinem Gehorsam und Erfolg, wo und wie „innere Ermüdung", „Burnout", Verzagtheit ein Leben bedrohen können. Es ist darum gut, nützlich und hilfreich, Elias und seine Müdigkeit zu verstehen und zu bedenken. Gefährdungen werden sichtbar, zugleich aber auch Möglichkeiten zu Vorbeugung und schließlich zur Heilung.

Starkes Engagement, Erwartungen und Ansprüche

Elias ist ein engagierter Mann. Er eifert für die Sache Gottes. Und doch oder gerade darum wird er müde. Etwas salopp könnte ich sagen: Wer nicht arbeitet, wird auch nicht müde. Wer nicht im Glauben leben möchte, wird nicht verzagt. Wer nicht brennt, brennt auch nicht aus. Glaubensermüdung oder Verzagtheit ist insofern wirklich die stille Schwester des Glaubens. Beides erinnert an den Glauben, der einmal war. Beides erinnert an die Sehnsucht, immer in der Beziehung mit Gott zu leben.

Freilich gibt es hier Unterschiede. Es gibt zufriedene Christen, geduldige Nachfolger des Herrn, Kinder Gottes ohne große Ansprüche. „Ich bin dabei, das ist gut!" Es gibt auch unklare Geister, denen der Glaube weniger wichtig ist. Sie unterscheiden nicht genau. Ihr Glaube ist mehr eine Art allgemeine Gläubigkeit. Nicht wahr: Elias hätte doch auch denken können: „Baal ist doch auch ein Gott. Das Wort heißt ja ‚Herr‘ ". So wie ‚Allah‘ auf arabisch ‚Gott‘ heißt. Elias hätte doch tolerant sein können. Er hätte nach Verbindendem suchen können, wie so viele Menschen es heute tun. Aber er war anders. Das Wort des Herrn war an ihn ergangen. Dem musste er gehorchen. Gott oder Baal – da gibt es keine Verbindung. „Ihr könnt nicht zwei Herren dienen", sagt Jesus.

Da sind die vielen Menschen, die wie Elias für ihren Herrn Großes vollbringen wollen. Sie sind tätig. Sie sind engagiert. Sie sind treu im Glauben. Sie erwarten etwas. Und sie haben Ansprüche an sich und andere. Etliche Pastoren und Pastorinnen gehören dazu, Ordensleute. Männer und Frauen, die man früher und in manchen Gegenden „Reichsgottesmitarbeiter" nannte, sind hier gemeint. Viele ehrenamtliche Helferinnen und Helfer können so charakterisiert werden, Träger von Charismen, von Gnadengaben für die Gemeinde. Ohne sie leben Gemeinden, lebt Kirche nicht. Es ist gut, dass sie mitarbeiten. Es ist gut, dass sie ihre Stimme erheben. Es ist nötig, dass sie mittun im Auftrag des Herrn. Und viele treue Christen können sich hier wiederfinden, jene, die etwas mit und von Gott erwarten.

Ihnen allen kann es gehen wie Elias. Wenn das Ziel im Mittelpunkt steht und nicht mehr der Herr, können sie sehr schnell müde werden. Wer etwas Großes erwartet, wer für eine Sache brennt, auch für die Sache Christi, der ist in der Gefahr „auszubrennen". Menschen verzehren ihre Kraft. Die nötige Energie für warme Zuwendung zu anderen

Menschen ist aufgezehrt. Und die Verzagtheit stellt sich ein. - Denn ein weiteres kommt hinzu:

Begrenzte Kompetenz

Mitarbeiter in der Kirche Christi, im Reich Gottes, tätige Christen brauchen Fähigkeiten, sie brauchen Kenntnisse. Sie müssen sich zuständig, d.h. „kompetent" wissen können.

• Mitarbeiter und Mithelfer im Reiche Gottes müssen eine „Fachkompetenz" haben. Sie müssen etwas können. Sie müssen wissen für wen sie arbeiten und wovon sie sprechen. Sie müssen in ihrer Bibel Bescheid wissen, im Gesangbuch, auch ein wenig in der Kirche. Die Liebe zur Gemeinde und zum Worte Gottes gehören zu Mithelfern.

• Sie müssen auch eine „Personenkompetenz" haben. Sie müssen etwas sein können für andere. Dazu gehören z. B. Zuhörbereitschaft, Zuhören können. Ein Philosoph unserer Tage (Gadamer) hat gesagt, Zuhören sei die größte sittliche Leistung des Menschen. Das brauchen Christen. Sie brauchen Geduld und eine gewisse Belastbarkeit. Mitarbeiter im Reiche Gottes müssen fähig sein, „des anderen Last zu tragen" (Gal. 6,2). Und sie dürfen sich dabei nicht überfordern.

Nun, die Fähigkeiten des Elias müssten ja reichen. Soll man mehr können wollen als Elias? Nein! Elias hatte alles gegeben was er hatte. Mehr konnte er nicht. Und so geht es auch manchen Christen. Sie geben alles, was sie an Kräften, an Einsatz zur Verfügung haben. Aber sie schaffen oft doch nicht das, was sie möchten und sehen sich überfordert. Sie denken an das Wort Jesu von der großen Ernte und den wenigen Arbeitern, arbeiten immer weiter und ermüden.

Denn, nicht wahr, Menschen werden ja leider nicht zu Engeln, wenn sie Christen sind, - auch nicht in den Orden, Kommunitäten, Gemeinschaften und den protestantischen Freikirchen! Was Martin Luther „den alten Adam" nennt, ist auch in der Gemeinde des Herrn fröhlich am Wirken. Und mancher resigniert auf dem Feld der Aufgaben. Und auch unter den Menschen im Lande, die ganz bewusst und ganz ernsthaft fromm sein wollen gibt es Ungeduldige, Rechthaberische, ja auch Zänkische. Es gibt Menschen, die den Streit lieben. Und es gibt seelisch Belastete. Und mancher möchte auch gern unter dem Deckmantel christlicher Liebe seine Macht behalten und durchsetzen. Und das führt zum Dritten.

Erfahrung von Misserfolg

Elias hat Großes erfahren und vollbracht. Gott hat sich zu ihm gestellt. Seine – des Elias Worte – wurden wahr. Elias aber denkt, dass er nichts, aber auch gar nichts geschafft hat. Und auch das erleben Mitarbeiter in der Gemeinde, glaubende und betende Christen. Sie können keine sichtbaren Ergebnisse ihres Glaubens und ihrer Arbeit in der Kirche Christi sehen und werden verzagt, innerlich müde, resigniert.

Nun ist die Frage nach dem Erfolg eine sehr

schwierige Frage. Sollen Christen Erfolg haben? Darf „man" in der Kirche, in der Gemeinde überhaupt von Erfolg sprechen? Darf man ihn erwarten, gar registrieren und messen? Die Antworten sind unter Christen sehr verschieden. Manche sagen mit Paulus: „Das sei ferne!" Erfolg ist keine Sache von Christen. Aber die Bibel ist klar: „Du sollst dem Ochsen, der da drischt, nicht das Maul verbinden", sagt Paulus selbst (1. Kor. 9,9) und Jesus sagt es noch deutlicher: „Ein Arbeiter ist seines Lohnes wert." (Luk. 10,7). Lohn, Erfolg – das ist etwas Erstrebenswertes.

Und Lohn, Erfolg ist nicht immer – oder fast nie – Geld, zumindest nicht nur Geld. Ermutigende Belohnung ist Dank, Anerkennung. Den Fortgang der eigenen Bemühnungen sehen, beachtet werden - das ist Belohnung. Und wenn ich jetzt alle die sogenannten ehrenamtlichen Mitarbeiter im Auge habe, dann suchen sie danach. Ja, auf Dauer suchen sie danach: Anerkennung, Würdigung, Beachtung. Und manche werden müde, weil sie – wie Elia – engagiert sind. Aber es scheint sie keiner zu beachten. Und mitunter ist es auch so, dass der Hunger nach Beachtung, der Hunger nach diesem Erfolg so groß ist, dass es die Seelsorger und Leiter – also im Sinne der Urgemeinde die „Bischöfe" nicht schaffen können.

Wenn wir über Ermüdung, über Verzagtheit des Glaubens reden, werden wir auch über den Erfolg reden müssen: Über den Erfolg, den wir suchen und den Misserfolg, den wir erfahren. Und wir werden neue Maßstäbe finden können und müssen, was Erfolg ist: Die Begleitung an sich, der Besuch, etwas weniger Leid, ein Gespräch, eine neue Beziehung. Scheinbar war Elias, der so viel Wunderbares mit und von Gott erlebt hatte, erfolglos. Er konnte Gottes Erfolg nicht sehen. Und das machte ihn müde. – Aber es kommt noch etwas dazu.

Soziale Isolierung

Wie selbstverständlich wird Elias als „Einzelarbeiter" geschildert. Was er schafft und ausrichtet, schafft er allein. Da ist keiner in Sicht, der ihn versorgt, ihn begleitet, berät, für ihn betet. Elias scheint stark. Und auch darum wird er müde.

Freilich, die Leute in Israel, die Gemeinde Gottes werden ihn bewundert haben. Dieser Gottesdienst auf dem Karmel war schon eine ganz großartige Sache. Aber da steht nichts von einer Bindung des Propheten an diese Gemeinde. Als das große Wunder geschehen war, raste Elias vor dem bespannten Königswagen her, wieder er allein. Und so konnte ihn die Bedrohung treffen.

Manchen Mitarbeitern in der Kirche geht es so und manchen Christen. Evangelische Pfarrer werden zu Animateuren, zu Allgemeinunterhaltern, immer und überall zuständig und bleiben doch einsam – auch in ihrer Ehe und Familie. Ihre römisch-katholischen Kollegen werden zu bloßen Sakramentsverwaltern, dazu zunehmend „unbehaust", ohne Versorgung durch eine Haushälterin. Und beide Berufsgruppen „rasen" von einem Termin, von einer Verpflichtung zur anderen. Ehrenamtliche Kräfte verlieren die Glaubensgenossen, die Schwestern und Brüder – auch die anderen Gemeinden und die Kirche (oder die Gemeinschaft als Ganzes) aus dem Blick und sehen nur auf das Eigene. Und unsere sogenannte moderne Gesellschaft produziert unzählige Einzelne – von den vielen jetzt alten Frauen gar nicht zu reden, die ohne Familie leben mussten, weil Millionen Männer im Kriege starben. Das Bild des Propheten Jesaja kommt in den Blick: „Wir gingen alle in die Irre. Ein jeder sah auf seinen Weg." (Jes. 53) Und auch Christen nehmen sich keine Zeit mehr füreinander. Sie versäumen es, einander zuzuhören. Und das macht müde.

Vereinzelung ist die große Versuchung unter glaubenden Menschen. Die Aufsplitterung in die verschiedenen Konfessionen muss beklagt werden. Und genauso muss beklagt werden, wie sehr sich bis heute die voneinander isolieren, die doch in den Kirchen, Gemeinschaften, den freien Gemeinden und Freikirchen mit besonderem Glaubenseifer Christen und Kinder Gottes sein wollen.

Verkennung des Auftrags und Willens Gottes

Elia auf dem Berge Karmel war ein gewaltiger Mann. Und vielleicht erschrecken wir Heutigen, wenn wir die Geschichte am Karmel bis zu Ende lesen. Eine Übersetzung lautet: „Und Elia führte die Propheten Baals an den Bach Kison und schlachtete sie daselbst." Dies ist ein gewaltiger Prophet, der schnell und aus dem Augenblick handelt.

Und gerade so leben viele heute. Wir leben in einem sogenannten „hysterischen Zeitalter" mit entsprechenden Werten. Tempo gilt etwas, Flexibilität, Spontaneität, Tatendrang, Lustempfinden, Leben aus dem Augenblick. Aus Zeitung und Fernsehen kennen manche die Ausdrücke „Erlebnisgesellschaft" oder „Spaßgesellschaft". Andere Werte treten in den Hintergrund. Pünktlichkeit, Fleiß, Ausdauer, Geduld, Treue, das scheinen unmoderne Werte.

Zu all dem gehört der „Glaube an die Machbarkeit aller Dinge". Das Leben in der pluralistischen Welt spielt sich ab: „etsi deus non daretur", wie es mittelalterliche Theologen in ihrer Sprache sagten: „als ob es Gott nicht gäbe". Auch Kirche und Gemeinden handeln, diskutieren und beschließen nur zu oft, als ob Gott nicht der Schöpfer, Erhalter und Herr wäre.

Glauben an und Vertrauen zu Gott bewahren sicherlich nicht grundsätzlich vor Müdigkeit. Dafür ist der Prophet ein Beispiel. Aber die Welt ohne Glauben ist müdigkeitsanfälliger.

IV. Die Fortsetzung der alten Geschichte

Die Geschichte des Elias geht jedoch weiter. Ein Engel kommt zu Elia und spricht: „Steh auf und iss." Und Elias findet ein geröstetes Brot und eine Kanne mit Wasser. Er isst und trinkt und schläft noch einmal. Und der Engel kommt zum zweiten Mal: „Steh auf und iss, du hast einen weiten Weg vor dir." Und Elia geht 40 Tage und 40 Nächte durch die Wüste bis an den Berg Horeb. Dort kommt es zur Begegnung mit Gott. Elias klagt Gott seine Misserfolge. Und Gott sagt: „Komm heraus und stell dich auf den Berg vor den Herrn." „Und es kam ein großer Sturm – und der Herr war nicht in dem Sturm. Und es kam ein Erdbeben – und der Herr war nicht in dem Erdbeben." Und nach dem Beben kam ein Feuer. „Doch der Herr war nicht in dem Feuer. Nach dem Feuer kam ein stilles sanftes Sausen. Als das Elia hörte, verhüllte er sein Antlitz." Die Gottesbegegnung geschieht im stillen sanften Säuseln.

Was weiter geschieht, ist tröstlich, beinahe humorvoll. Elia erhält einmal einen begrenzten, konkreten Auftrag: „Salbe Hasael zum König über Syrien, Jehu zum König über Israel und Elisa zum Propheten an deiner Statt." Elia hatte geklagt, dass er allein übrig geblieben war. Die Antwort darauf ist: „Ich will 7000 in Israel übriglassen."

Ermüdung, Verzagtheit ist heilbar. Auch das zeigt die Geschichte. Später: Elias wird wieder der alte Kämpfer gegen den König. Als dieser von seinem Nachbarn Naboth einen Weinberg nur durch

Justizmord bekommt, steht Elia wieder gegen ihn, mutig und kraftvoll und verkündet ihm Gottes Strafe. Elias ist von der Verzagtheit geheilt. Seine innere Müdigkeit ist wieder völlig überwunden.

V. Sechs heilende Einflüsse helfen gegen Verzagtheit

Sechs heilende Einflüsse helfen gegen die Verzagtheit, heilen die innere Ermüdung.

- Ausruhen in und von der Müdigkeit
- Hilfe und Betreuung: Wo sind die Engel?
- Distanz zur Arbeit und der Weg durch die Wüste
- Korrektur der Welt- und Gottesanschauung
- Begrenzte Aufgaben
- Hilfe und Nachfolge

Ausruhen von der Arbeit ist nötig

Am Anfang der Erneuerung steht: Elia wird von der Arbeit weggeführt. Gott lässt seine Angst und seine Flucht zu. Elia wird immer weiter aus seiner Tätigkeit herausgenommen. Und so beginnt es: Elias schläft ein. Er ruht aus. Mitarbeiter Gottes müssen ausruhen. Das steht gegen Verzagtheit und innere Ermüdung.

Das Feiertagsgebot erfährt im „Dekalog" – unter den 10 Geboten – eine ganz besondere Würdigung. Das Gebot wird mit der Ruhe Gottes begründet. Der Feiertag erinnert an den Schöpfer. „Bist du doch nicht Regente, der alles führen soll. Gott sitzt im Regimente und führet alles wohl" dichtet Paul Gerhard. Der Feiertag macht deutlich, dass Gott der Schöpfer und Erhalter ist. Arbeit und Ruhe bedingen sich gegenseitig. Der Feiertag ist zugleich eine Erinnerung an jene beiden Begriffe Sammlung und Sendung. Die erlaubte und gebotene Ruhe ist ein Schutz vor jedem Druck, der auch Christen erfassen kann. Unsere Zeit redet gerne von den „Herausforderungen". Der Ruhetag sagt den Menschen, dass sie nicht ständig neu „herausgefordert" sein müssen. Jesus zog sich immer wieder zurück in die Einsamkeit und Ruhe. Er ist Beispiel. Wir können ihm auch hier nachfolgen.

Es gibt dreierlei Möglichkeiten und Weisen zum Ausruhen:

• Zuerst gibt es „Entspannungsbezogenes Ausruhen". Das sind die kleinen Pausen, freie Zeit, der Urlaub. Dazu gehören: Bücher, Unterhaltung, Wanderungen, Liebhabereien, Konzert, Theater, Fernsehen. Freundschaften und Ehen gehören dazu. Und gerade hierbei gilt eine gute Regel: Freundschaften und besonders Ehen müssen nicht „glücklich" sein. Dieser Wunsch führt oft zur Überforderung eines anderen Menschen. Freundschaften und besonders Ehen müssen aber gepflegt werden.

• Daneben können Menschen „personbezogen" ausruhen. Hier helfen Gespräche mit Kollegen und Kolleginnen, mit guten Nachbarn, mit den anderen, die in der Gemeinde und im Beruf tätig sind. Gesprächs-Gruppen gehören dazu, in denen über persönliche Fragen, über Ärger und Kummer aber auch über gute Erlebnisse gesprochen werden kann. Supervision gehört dazu. Das ist geistliche und fachliche Aufsicht wie in der ersten Gemeinde, wo es bald „Aufsehende", in der Sprache der Bibel „Bischöfe" gab.

• Zuletzt gibt es auch „Fachbezogenes Ausruhen". Zu diesem Bereich gehören Fachliteratur, Fortbildung. Mitarbeiter Gottes brauchen immer wieder das Lernen. Sie brauchen das Bibelstudium, das immer bessere Verstehen der Lehren des Glaubens. Sie haben Einübung in der Praxis der Liebe nötig

Achtet auf die Engel!

Die Szene unter dem Ginster in der Wüste muss als Kern der alten Geschichte angesehen werden. Einer ist bedürftig und nimmt seine Bedürftigkeit an. Hier „teilt" einer seinen Kummer „mit". An diesem Punkt brauchen alle Mitarbeiter in der Kirche „Buße" im wahren Sinn. Diese Buße – Umkehr – bedeutet, dass sie sich auch selbst als bedürftig annehmen können. Sie brauchen dabei gewissermaßen eine „doppelte Buße". Sie brauchen die Annahme dessen, nicht mehr Gebende zu sein, sondern bedürftig zu sein. Gerade das ist für alle „Helfer" so schwer. Manche sind ja „Helfer", Mitarbeiter geworden, weil sie nicht zugeben können, dass sie selbst bedürftig sind und Begleitung, Hilfe und viel Zuwendung anderer Menschen brauchen..

Probleme entstehen hier in gleicher Weise in Ehen und Freundschaften von professionellen – also berufsmäßigen – Helfern und ehrenamtlichen Mitarbeitern. Schwierigkeiten gibt es oft in solchen Beziehungen, wo beide Partner in einem helfenden Beruf sind, in einer Arbeit mit anderen Menschen oder für sie. Diese Schwierigkeiten mehren sich heute auch in solchen formellen oder informellen Ehen, wo zwei vollzeitlich berufstätig sind. Eine oder einer kommen nach Hause und brauchen Zuwendung und Fürsorge und der andere Partner kommt auch nach Hause und braucht das Gleiche. Zwei Bedürftige stoßen so aufeinander. Wer sorgt für wen? Wer umsorgt den anderen Menschen? Jeder wartet auf den anderen. Das führt in manchen Beziehungen zu unlösbaren Konflikten. Helferehen und Helferbeziehungen sind belastet – und die Ehen und Beziehungen von zwei Vollzeitberufstätigen auch..

Wo sind die Engel? Wer für andere da ist, braucht Fürsorge: Steh auf und iss! Das heißt nicht: Sieh in den Kühlschrank, dort sind Reste! Mach dir selbst was zu essen. Wer sorgt für Helfer? Wer immer für andere da ist, wer sich um andere Menschen sorgt, der braucht selbst auch Fürsorge. Die Geschichte des Propheten Elias ist hier ganz praktisch. Sie klärt auf und weist auf eine wichtige Konsequenz hin. Sie weist auch auf einen grundlegenden Mangel in unserer Gegenwart hin. Denn „für jemanden sorgen", das scheint nicht mehr angemessen. Etwa „nur Hausfrau" zu sein, wirkt für viele Frauen wie ein Schreckgespenst.

So gibt es ganz folgerichtig Probleme in den Häusern der engagierten Ärzte, Lehrer, Sozialarbeiter und anderer „Helfer". Und es gibt nur zu oft Schwierigkeiten in den evangelischen und katholischen Pfarrhäusern:

• Da gibt es auf der einen Seite berufstätige Ehefrauen, die „sich selbst verwirklichen" wollen. Nur Pfarrfrau zu sein, Mitte des Hauses, erscheint überholt.

• Da schwindet auf der anderen Seite das Institut der Haushälterinnen und Pfarrhausfrauen.
Junge katholische Priester sagen: „Ich versorge mich selbst. Ich brauche niemanden!"

Wo sind die Engel? Professionelle Helfer, Mithelfer in Kirche und Gesellschaft können die Augen offen halten, wo immer ein fürsorglicher Engel sagt: „Steh auf und iss!"

Menschen, die in der Ehe oder Beziehung beide eine volle Erwerbstätigkeit haben, müssen klären, wo die Fürsorge herkommt. Sie müssen schauen, wann Zeit ist, für den anderen zu sorgen – oder wo jemand ist, der das stellvertretend tut.

Allerdings gibt es hierbei eine nötige Begrenzung. Einmal gilt, dass keiner dauerhaft auf Kosten eines andern Menschen leben kann. Die Fürsorge eines Engels zu erwarten, den Gott einem anderen an die Seite schickt, ist keine anderweitige Form von Ausnutzung oder Ausbeutung. Daneben und genauso wichtig: Der Hausfreund oder die Geliebte sind nicht die Engel der Wahl. Sich liebende Zuwendung außerhalb der guten Regeln Gottes zu verschaffen, das wäre eine Art „Linsengericht", mit dem die Gabe der Kindschaft Gottes aufs Spiel gesetzt wird.

Zur Erinnerung: Esau, der älteste Sohn Isaaks „verkaufte" das Recht seiner Erstgeburt für einen Teller Linsen an seinen jüngeren Bruder Jakob (1. Mose 25,29-34).

Aber Menschen können für andere zum sorgenden Engel werden. Engel sind darüber hinaus eine Metapher, ein Sinnbild für liebevolle Zuwendung, die Menschen von Gott erfahren. Sie weisen über sich selbst hinaus auf die Möglichkeiten, die Gott haben könnte und ich nicht sehe.

Distanz zur Arbeit ist notwendig

Die Geschichte des Elia geht erstaunlich weiter. Er wird nicht zur Arbeit zurück, sondern von der Arbeit weggeführt. Ich kann sagen: Zur Heilung von der Verzagtheit und Ermüdung ist Distanz zur Arbeit und Anstrengung notwendig. Vom Glauben her können wir jede Arbeit als Gottesdienst verstehen. Arbeit hat keinen Sinn an sich. Sie hat keinen pseudoreligiösen Nimbus. Hier begegnen wir dem modernen Begriff „Selbstverwirklichung" mit großer Vorsicht und kritisch. Er stammt aus der Psychotherapie. Dort bezeichnet er Vorgänge einer seelischen Heilung. Aber in den letzten Jahrzehnten und Jahren hat dieses Wort religiöse Dimensionen bzw. Eigenschaften angenommen. Noch heute spukt der Begriff in den Köpfen vieler – und ich wage es zu sagen: besonders in den Köpfen vieler Frauen. Frauen wollen sich selbst verwirklichen. Das ist so, als ob sie vorher und ohne Erwerbstätigkeit nicht richtig existent gewesen wären. Die Selbstverwirklichung durch Erwerbstätigkeit ist vielen Menschen wichtig: - als hätten Menschen ohne dies einen minderen Wert.

In der zunehmend säkularen Welt macht sich auch in der Kirche eine Art „Erlösungsengagement" breit: Ökologisch, sozial, politisch. Menschen sehen sich für das Leid in der ganzen Welt verantwortlich. Sie sind immer engagiert: Für den Frieden, für die Schöpfung, für Gerechtigkeit, für Toleranz, für hungernde Menschen, für Opfer von Katastrophen in der Welt, für Ausländer in allen Ländern. Erlösungsengagierte Menschen finden immer etwas, für das sie sorgen und kämpfen können. Elia aber wird von der Arbeit weggeführt.

Die Lösung ist allerdings nicht das Jobdenken. Die völlige Distanz, etwa: „Soll ich meines Bruders Hüter sein" ist die Haltung Kains. Das ist nicht die Lösung. Das andere Extrem jedoch ist: Andere – und das nahezu ständig – retten, gewissermaßen „erlösen" zu wollen. Dies ist die Haltung Christi. Kein Helfer, kein Christ wird sich an diese Stelle setzen wollen. Die Lösung heißt: „Zwischen Kain und Christus". Dieser Platz ist nicht fest markiert. Er muss immer wieder gesucht und gefunden werden. Dem Nächsten soll die Zuwendung gelten, nicht aller Welt.

Nebenarbeitsfelder, gewissermaßen Ablenkungen mildern die Müdigkeit. Man spricht oft bei Beschäftigungen von „Standbein" und „Spielbein". Nebenarbeitsfelder können eine Art „Spielbein" sein. Sie können gesucht oder zugesprochen werden. Der Beispiele sind viele. Wieder gibt es zwei Regeln:

Regel I: Was Spaß macht und andere
          Gaben fordert, ist angemessen.

Regel II: Ein Nebenarbeitsfeld darf nicht
           wieder zum Hauptarbeitsfeld werden.

Die Geschichte des Propheten Elias lehrt noch etwas anderes. Der Weg in die Distanz ist nicht ohne Mühe. Es ist ein Weg „durch die Wüste". Da gibt es Gefahren, man kann wieder müde werden. Geduld und Ausdauer ist nötig, eine andere Richtung einzuschlagen. Aber das ist lohnend.

Neue Welt – und Gottessicht

Die Begegnung Elias mit dem Engel ist die Mitte der Geschichte von Verzagtheit und Heilung. Die Begegnung Gottes mit Elias ist ihr Ziel. „Unser Herz findet Ruhe in Gott", sagt Augustinus. Im Gespräch mit Gott, in der nochmaligen Klage des Propheten und in dem, was Gott seinem Boten sagt, endet die Verzagtheit. Der Prophet, der treue, engagierte aber „ausgebrannte" und verzagte Bote wird wieder heil. Das geschieht nicht durch eigene Anstrengungen. Es ist ein Geschenk seines Gottes.

Drei grundlegende Erfahrungen bestimmen unser Leben.

● Menschen sind und bleiben unvollkommen, Sünder. Bei vielen Enttäuschungen mit Menschen auch im Reich Gottes ist es hilfreich zu erkennen: Menschen sind so. Jemand hat einmal gesagt: „Nimm die Menschen wie sie sind, es gibt keine anderen." Auch in den Kirchen, auch im Bereich der Gemeinden gilt, dass Menschen nicht zu Engeln oder fehlerlosen Heiligen werden. Der Acker, den Adam bearbeiten muss, trägt auch nach Christus noch Dornen und Disteln (1. Mose 3, 17 – 19). Da ist es gut, eine realistische Weltsicht zu behalten.

● Das zweite ist die Erkenntnis des Paulus. Wir haben „den Schatz – des Heils, der Gnade und des Glaubens – in zerbrechlichen Gefäßen" (2. Kor. 4, 7). Weltliche und auch kirchliche Träger und Ämter, Institutionen und Dienste sind unvollkommen. Die „sichtbare Kirche" in ihrer unterschiedlichen Gestalt ist von der geglaubten „unsichtbaren Kirche" nur zu oft weit unterschieden. Dies korrigiert idealistische und glaubensfremde Ansprüche.

• Aber in diesen zerbrechlichen Gefäßen haben wir einen Schatz. Von Noah über Elias und Jesaja führt der Weg zu Christus, dem Gesicht Gottes für uns. „Es mögen wohl Berge weichen und Hügel hinfallen, aber meine Gnade soll nicht von dir weichen und der Bund meines Friedens soll nicht hinfallen, spricht der erbarmende Gott" (Jes. 54, 10). Die Kraft dieser Gnade wirkt in die sichtbare Kirche und in alle Verzagtheit hinein.

Die Geschichte von Elia erinnert daran, dass das nicht mit Gewalt geschieht. Gottes Tun – das Gute – kommt eher leise. Man kann es überhören. Gott ist nicht im Erdbeben, nicht im Feuersturm. Ein stilles sanftes Sausen – man kann auch sagen: „Säuseln" – zeigt Gottes Nähe. Der gewaltige und in Blut watende Elia verzagt. Der still werdende Prophet wird getröstet.

Und noch einmal: Dies alles kommt nicht sofort. Es hat gedauert. Änderungen, Aufbruch aus der Ermüdung und Verzagtheit sind nicht rasch im Sinne schneller medikamentöser Wirkung zu haben. „40 Tage und 40 Nächte" wandert Elia durch die Wüste zum Berg Gottes, dem Horeb. Das ist beispielhaft und vorbildhaft zu sehen. 40 Jahre sind Mose und „die Kinder Israel" zwischen Ägypten und ihrer zugesagten Heimat unterwegs. Jesus ist 40 Tage in der Wüste. 40 Tage dauert es von Ostern bis zur Himmelfahrt Christi. 40 ist eine symbolische Zahl. Hier wird etwas Neues vorbereitet. Etwas Bedeutsames geschieht. Ein neuer Lebensabschnitt fängt an.

Und Elias begegnet Gott. Der neue Lebensabschnitt mündet in eine neue Sicht der Welt und des Lebens. Der Verzagte, Ermüdete klagt, dass er allein sei. „Sie haben deine Altäre zerbrochen und ich bin allein übriggeblieben." Und die Antwort zeigt ihm eine neue Welt. „7000 sind übrig geblieben." Elias ist keineswegs allein. Gott ist in Israel nicht „auf dem Rückzug". 7000 sind da. Und das ist wieder ein Symbol: Sieben ist die Zahl der Vollkommenheit, 1000 ist die Steigerung dieser Zahl. Elia täuscht sich. Wo er Misserfolg sieht, hat Gott längst einen großen Erfolg, große Treue festgestellt. Was der Prophet erreichen wollte, das war scheinbar vom Misserfolg gekrönt. Gott selbst hält sein Volk zusammen. Gott selbst ist die Zukunft der Kirche. Es sind genügend Glaubende, genügend Beter da. Ihre Schar ist immer größer, als verzagte Christen denken.

Begrenzte Aufgaben

Aus der Psychotherapie wissen wir, dass Depressionen mitunter die Reaktion auf übersteigerte und wirklichkeitsfremde Wünsche sind. Aus der Geschichte des Elias lernen wir, dass innere Müdigkeit und Verzagtheit auch die Folge von eigenem Engagement, von Isolierung und von fehlerhafter Glaubenserkenntnis ist. Elias hatte seinen Auftrag augenscheinlich missverstanden. Er sollte Bote sein. Aber er wollte ein ganzes Volk zu Gott zurückführen. Unter dem Dornbusch klagt er: „Ich bin nicht besser als meine Väter?" Deutet diese Klage einen Wunsch an, wirklich groß zu sein? Wir wissen es nicht, aber der Gedanke liegt nahe. Und dieser Gedanke ist ja „menschlich". Er ist verständlich. So viele Söhne möchten gerne die Väter erreichen und Besseres schaffen als sie. Töchter möchten ihre Mütter übertreffen, vieles oder alles besser machen als sie. Und etwas Großes zu wollen, ist ja nicht schlecht. Aber das „Zuviel-Wollen", jene übersteigerten Wünsche und Ansprüche, überlasten die Seele. Aber Elias ist ja nicht etwa unbrauchbar, zum „alten Eisen" geworfen. Er bekommt eine ganze konkrete, beinahe priesterliche Aufgabe. Er soll ganz bescheiden weiterarbeiten. Salbe Jehu, salbe Hasael, mache Elisa zum Propheten. Konkrete Ziele und konkrete Aufgaben sind nötig, auch für den Glauben. Was ist wirklich zu schaffen. Diese Frage ist bei allen Plänen, bei aller Arbeit wichtig. Was kann ich wirklich? Wozu reichen meine Kräfte? Was muss ich Gott anvertrauen? Gegen hysteroide, d.h. übersteigerte Allmachtsvorstellungen und Selbstüberforderungen steht die Einsicht der begrenzten Kraft und der leistbaren Aufgabe. Konkretes, vielleicht sogar Geringes zu tun, das zeigt die immer noch vorhandenen Fähigkeiten. Scheinbar Weniges ist für Verzagte viel. Denn das Wenige heilt.

Nachfolge und Hilfe von anderen

Dazu kommen schließlich die Chancen von Delegation und Zusammenarbeit. Der alte Prophet bekommt einen Schüler. Er ist nicht mehr allein. Jesus sendet später seine Boten je zwei und zwei. Hier wird die alte Lebensregel praktisch: „Es ist nicht gut, dass der Mensch allein sei". Verzagtheit wird auch dort geheilt, wo jemand den Begleiter, die Begleiterin annimmt. Wieder steht die Frage im Raum: Wo sind die Engel?

Sind Helfer als Single-Naturen möglich? Die Szene am Ginster deutet in andere Richtung. Noch einmal: Wer für andere sorgt, wer immer tätig ist, der muss selbst auch umsorgt werden und er muss das annehmen können, dankbar gegen Gott und den, der ihm ein Engel ist. Helfer in Welt und Kirche brauchen einen oder eine, die zuhören, begleiten, vielleicht auch einmal raten und trösten.

Ganz zeitgenössisch wird das durch ein modernes Instrument deutlich: Supervision. Manche kennen das Wort, wenige kennen auch die Sache. Menschen setzen sich zusammen mit einem, der ein kundiger Zuhörer ist. Sie sprechen über ihre Arbeit, ihre Erfolge aber auch ihre Fragen und ihren Unmut. Sie sprechen über alles, was sie innerlich müde oder verzagt machen könnte. Damit treten sie heraus aus einer Isolierung. Sie nehmen sich Zeit auf andere zu hören und mit ihnen zu sprechen. Der kundige Zuhörer, der „Supervisor" leitet sie an. Er sucht zu verstehen. Er nimmt Mitteilungen auf und trägt sie mit – ohne Vorwurf oder Tadel. Das ist nichts anderes, als was in der Bibel Menschen geraten wird. „Nehmt einander an, so wie Christus euch angenommen hat zu Gottes Lobe." (Röm. 15,7). Letzten Endes ist Supervision „bischöfliches Tun". Sie ist „auf etwas sehen", auf Menschen und ihre Arbeit sehen und sie begleiten.

• „Episkopoi" waren die, die „auf etwas sahen". So heißt das griechische Wort auf deutsch. Sie waren die, denen die besondere Seelsorge, der pastorale

Dienst an den Mitarbeitern, den Trägern der Charismata, den Trägern eines Amtes aufgetragen war. „Episkopoi" wurden schnell zu Bischöfen und ihr Amt änderte sich – im Laufe der Geschichte – gewissermaßen „unter der Hand". Die Seelsorger wurden zu Kirchenführern. Sie wurden zu Menschen mit Macht, teilweise zu Monarchen, „Alleinherrschern".

● Aber das Institut, die ursprüngliche Aufgabe – und die Sehnsucht danach blieben. In alter Zeit übernahmen Beichtväter oft die Aufgabe von Begleitung und „Seelenführung". Mit dem Schwinden der Beichtpraxis schwand auch das. Heute kommt die alte Aufgabe aus „der Welt" aus der Erkenntnis und Arbeitsweise von Psychologen und Psychotherapeuten, Lebens- und Organisationsberatern wieder in die Kirche zurück. „Supervisoren" sind wieder die, „die auf etwas sehen". Sie sind ohne Macht. Ihr Einfluss ist Aufmerksamkeit, Zuhören, kundiger Blick auf Leben und Arbeit der Helfer.

Such dir einen Helfer, einen „Bischof" für deine Aufgabe und deinen Glauben! Das ist der letzte Schritt zur Heilung – oder vielleicht auch der erste. „Supervision" ist Ausruhen. Sie ist auch Fürsorge. Sie zeigt den Weg von der Arbeit weg zu neuer Erkenntnis. Sie zeigt den Weg zu neuer Begegnung mit Gott und zu leistbaren Aufgaben. Das gilt für die Mitarbeiter und das gilt für die Glieder der Gemeinde. Jeder kann sich unter eine solche Art Aufsicht stellen. Hier aber fängt Buße an. Es ist die Buße, sich zu Elia am Ginster zu gesellen und nach Gott zu rufen.

Und so beginnt die Heilung.

Persönliche Anmerkungen

Persönliche Anmerkungen

Persönliche Anmerkungen

Persönliche Anmerkungen